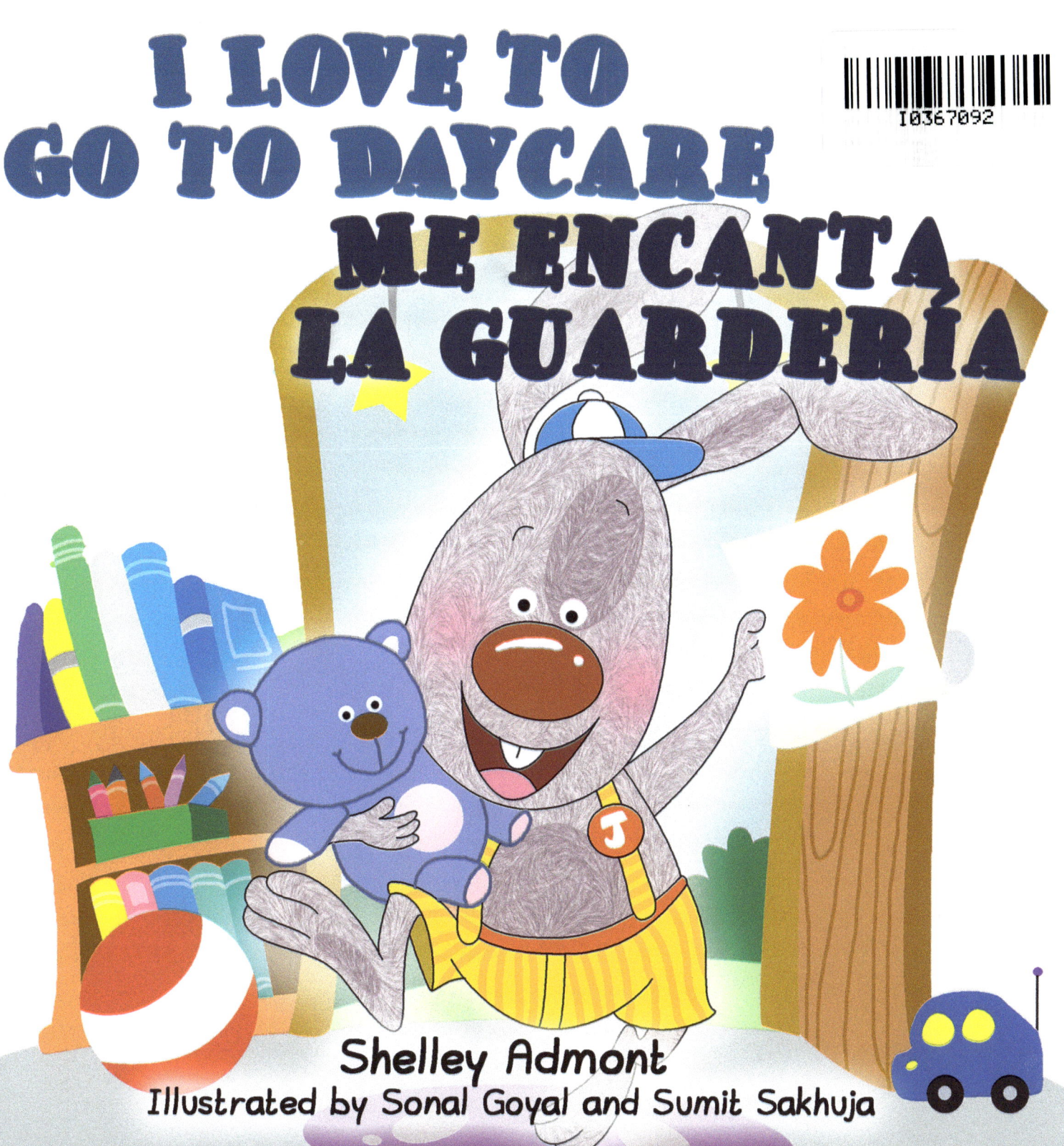

www.kidkiddos.com

Copyright©2014 by S. A. Publishing ©2017 by KidKiddos Books Ltd.

support@kidkiddos.com

All rights reserved. No part of this book may be reproduced in any form or by any electronic or mechanical means, including information storage and retrieval systems, without written permission from the publisher or author, except in the case of a reviewer, who may quote brief passages embodied in critical articles or in a review.

Todos los derechos reservados. Ninguna parte de este libro se puede utilizar o reproducir de cualquier forma sin el permiso escrito y firmado de la autora, excepto en el caso de citas breves incluidas en reseñas o artículos críticos.

Second edition, 2019

Traducción al inglés de Laura Bastons Compta
Translated from English by Laura Bastons Compta

Library and Archives Canada Cataloguing in Publication
I Love to Go to Daycare (Spanish Bilingual Edition) / Shelley Admont
ISBN: 978-1-5259-1815-5 paperback
ISBN: 978-1-77268-501-5 hardcover
ISBN: 978-1-77268-097-3 eBook

Please note that the Spanish and English versions of the story have been written to be as close as possible. However, in some cases they differ in order to accommodate nuances and fluidity of each language.

For those I love the most—S.A.
Para aquellos a los que más quiero – S.A.

Jimmy was lying in his bed hugging his favorite teddy bear. He was really trying to sleep, but something bothered him and kept him wide awake.

Jimmy estaba tumbado en su cama abrazando su osito de peluche favorito. Estaba intentando dormir pero algo le molestaba y le mantenía despierto.

He rolled out of bed and went to look for his parents.

Salió de la cama y fue a buscar a sus padres.

Down in the living room, his mom and dad were watching TV.
"Mommy, I can't sleep," said Jimmy.

Abajo, en el comedor su madre y su padre estaban viendo la televisión.
—Mamá, no puedo dormir— dijo Jimmy.

He grabbed his teddy and sat on Mom's lap. "What are you thinking about?" Mom asked.

Agarró su osito de peluche y se sentó en la falda de su madre.
—¿En qué piensas? —le preguntó.

Jimmy thought for a moment. "I'm thinking about daycare," he whispered before hugging Mom even harder.

Jimmy pensó un momento.
—Pienso en la guardería— susurró antes de agarrar su mamá aún más fuerte.

"Oh, sweetie, daycare is so fun!" said Mom as she ruffled his hair.

—Oh cariño, ¡la guardería es de lo más divertido! — dijo su madre mientras le ondulaba el pelo.

"You'll meet new friends there. You can paint pictures or play with trains and trucks," added Dad. "It's so much fun that I wish I could go, too!"

—*Conocerás nuevos amigos allí y podrás pintar dibujos o jugar con trenes y camiones — añadió su padre. — ¡Es tan divertido que desearía poder ir yo también!*

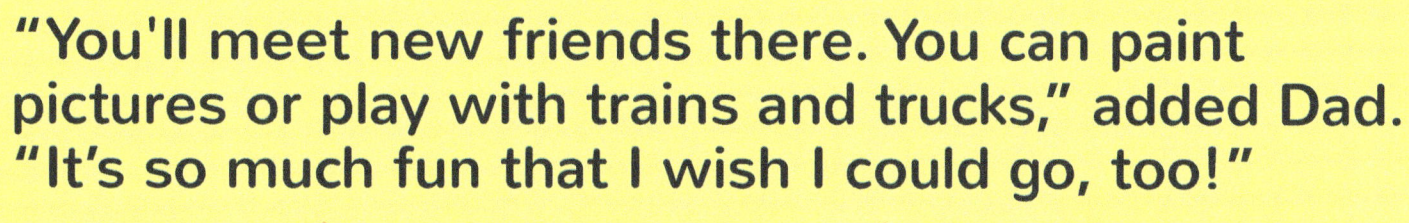

"Can I stay at home with you?" said Jimmy.

—¿Puedo quedarme en casa contigo? —preguntó Jimmy.

"Jimmy," said Mom softly, "you're a big boy now, and Mommy needs to go to work." Mom stroked his head and looked deep into his eyes.

—Jimmy—dijo suavemente su mamá — tu ahora ya eres un chico mayor y mamá necesita ir a trabajar. — Mamá acarició su cabeza y le miró profundamente a los ojos.

"Let's do this," she added. "Since it's your first day in daycare, you'll only stay for two hours. After two hours, I'll come back to take you home. But I'm sure that you'll have so much fun that you won't even want to leave."

—Vamos a hacer eso— añadió — cómo va a ser tu primer día en la guardería solo te quedarás dos horas. Después vendré a recogerte para llevarte a casa. Pero estoy segura de que te lo pasarás tan bien que no querrás marcharte.

"You can even take your teddy bear with you," said Dad. "Does that sound good, champ?"

—*Incluso te puedes llevar tu oso de peluche contigo* —dijo papá. —*¿No suena bien, campeón?*

Jimmy nodded his head.

Jimmy inclinó su cabeza.

"Oh, you're such a big and smart boy," said Mom, kissing his forehead. "I'm sure you're tired. Let's go to bed."

—Oh, si eres un chico muy mayor e inteligente— dijo mamá besándole la frente. —Estoy segura de que estás cansado. Vámonos a la cama—.

Mom led Jimmy to his room and tucked him in tightly. She gave him a goodnight kiss and whispered in his ear. "I love you, sweetie."

Mamá acompañó a Jimmy a su habitación y le achuchó firmemente. Le dio el beso de buenas noches y le susurró a la oreja:
—Te quiero cariño—.

With a big yawn, he hugged his teddy bear and closed his eyes.

Con un gran bostezo abrazó a su osito de peluche y cerró los ojos.

Jimmy was almost asleep when he heard a strange voice. "Jimmy, are you sleeping yet?"

Jimmy estaba casi dormido cuando oyó una voz extraña.
—Jimmy, ¿ya estás dormido?

He opened his eyes and looked around. "Who's talking?" whispered Jimmy.

Abrió los ojos y miró a su alrededor.
—¿Quién está hablando? — susurró Jimmy.

"It's me, your teddy bear!" Astonished, Jimmy looked down at his teddy bear - and he was smiling!

—¡Soy yo, tu osito de peluche!
Asombrado Jimmy bajó la vista hacia su oso de peluche, y ¡estaba sonriendo!

"Hello, Jimmy. I saw you were upset, and I wanted to make sure that you were okay."

—Hola Jimmy, he visto que estabas molesto y quería asegurarme que estás bien—.

"Ahm... I'm going to daycare tomorrow."

—*Mmm...Voy a ir a la guardería mañana—.*

"Oh, I understand you, my friend," said the teddy bear. "But guess what. I'm going with you!"

—*Oh, te entiendo amigo mío— dijo el oso de peluche. —Pero adivina qué, ¡voy a ir contigo!*

The teddy bear started dancing around on the bed, twirling and shaking his little bear bottom. Jimmy looked at his teddy bear jumping and clapping and started to laugh loudly.

El oso de peluche empezó a bailar alrededor de la cama, girando y moviendo su pequeño trasero de osito. Jimmy miró a su peluche bailando y aplaudiendo y empezó a reír muy fuerte.

"Shhhh," whispered the teddy bear. He pointed to Jimmy's two older brothers who were sleeping in their beds.

—*Shhhh—susurró el oso de peluche. Señaló a Jimmy sus dos hermanos que estaban durmiendo en sus camas.*

"We'd better sleep, too. There's a new, exciting adventure waiting for us tomorrow!"

—Mejor que nos vayamos a dormir también. ¡Nos espera una nueva y excitante aventura mañana!

He jumped into Jimmy's arms and hugged him.

El osito saltó a los brazos de Jimmy y le abrazó.

The next morning, his two older brothers jumped out of bed and walked over to Jimmy.
La mañana siguiente los dos hermanos mayores saltaron de la cama y fueron hacia Jimmy.

"Today is your first day in daycare. You are so lucky," said his oldest brother.
—Hoy es tu primer día en la guardería, tienes mucha suerte— dijo el hermano mayor.

Jimmy was excited but a little bit worried. "I'm only going for two hours today," he said quietly. "Is it a long time?"
Jimmy estaba emocionado pero un poco preocupado.
—Voy a ir solo por dos horas hoy—dijo silenciosamente. —¿Es mucho tiempo?

"Not really," said the oldest brother.
—En realidad no— dijo el hermano mayor.

"You won't even stay for a nap," added the middle brother.
—No estarás ni hasta la siesta— añadió el hermano mediano.

Jimmy was unusually quiet during breakfast. After he cleared his plate, Mom smiled at him and said, "Okay, are you ready to go, Jimmy?"

Jimmy no solía estar callado durante el desayuno. Después de terminarse su plato su madre le sonrió y dijo:
—Muy bien, ¿estás listo para ir Jimmy?

"I guess," Jimmy answered as he looked down at his teddy bear. The teddy bear gave him a big smile and nodded his head.

—Supongo— respondió Jimmy mientras bajaba la mirada hacia su osito de peluche. Este le sonrió e inclinó la cabeza.

Jimmy felt so much better.

Jimmy se sintió mucho mejor.

He took his teddy bear in one hand and Mommy's hand in the other hand, and they set out.
Cogió a su osito de peluche en una mano y la mano de su mamá por la otra y se dispusieron a salir.

"You'll like it, honey," said Mom while they were walking. "And I'll be back in two hours, right after snack time."
—Te va a gustar, cariño— dijo su madre mientras paseaban. — Estaré de vuelta en dos horas, después del almuerzo.

"I know, Mommy. I'm fine. I have my teddy bear with me," Jimmy said, smiling at his teddy bear.
—Lo sé mami. Estoy bien. Tengo a mi osito de peluche conmigo— dijo Jimmy sonriendo a su osito.

"I'm so proud of you, my big boy," said Mom. She kissed him on the forehead, and the pair walked up to the daycare's door.
—Estoy muy orgullosa de ti, mi hijito mayor—dijo mamá. Le besó y los dos se acercaron a la puerta de la guardería.

Mom knocked twice, and a lady appeared at the door.
Mamá golpeó dos veces y una chica apareció en la puerta.

"Hello, Jimmy," the lady said. "Come on in!"
—Hola Jimmy—dijo la mujer. —¡Pasa dentro!

"How does she know me?" Jimmy whispered to his mom.
—¿Cómo me conoce? — susurró Jimmy a su madre.

Mom smiled. "I called her before and told her we were coming."
Mamá sonrió.
—La he llamado antes y le he dicho que veníamos.

There were a lot of other kids there. Some of them were playing with cars, and some of them were playing with dolls.
Había muchos otros niños allí. Algunos estaban jugando con coches y otros estaban jugando con muñecas.

"Let's go have some fun. Come on, Jimmy!" the teddy bear whispered in his ear. Smiling, Jimmy turned to Mom.

—*Vamos a divertirnos un poco. ¡Venga Jimmy!*— *le susurró el osito de peluche a la oreja. Sonriendo, Jimmy se giró hacia su madre.*

"Go have fun, sweetie," said Mom with a smile. "I'll pick you up right after snack time."

—*Ve y pásalo bien cariño*—*dijo mamá con una sonrisa.* —*Te recogeré justo después del almuerzo.*

"I remember. Bye, Mom!" Jimmy yelled as he ran to play with a large truck.

—*Lo recuerdo. ¡Adiós mamá!* —*gritó Jimmy mientras corría a jugar con un tractor enorme.*

After two hours, Mom came back to daycare to pick up Jimmy.
Después de dos horas, mamá volvió a la guardería a recoger a Jimmy.

"Mom, it was so much fun!" he shouted. "I played with a large truck, and then I painted a flower for you all by myself!"
—Mamá, ¡Ha sido muy divertido! — gritó. —He jugado con un camión enorme y después ¡he pintado una flor para ti yo solito!

"It's so beautiful," said Mom, smiling happily. "What else did you do today?"
—Es muy bonita— dijo mamá y sonrió feliz. —¿Qué más has hecho hoy?

"The teacher read us a book about different animals, and after that we ate a snack," Jimmy said in one breath, jumping near Mom.
—La señorita nos ha leído un cuento de distintos animales y después hemos comido el almuerzo —dijo Jimmy en un solo respiro saltando cerca de mamá.

"Can I stay for longer tomorrow? Please, Mom!"
—¿Puedo quedarme un poco más tiempo mañana? ¡Por favor, mamá!

The next day, he stayed longer. The day after that he stayed even longer.
El día siguiente Jimmy estuvo más tiempo. Y al siguiente aún más.

Now, Jimmy spends the full day in daycare, having so much fun! He loves to play games and paint, to hear stories and eat.
Ahora Jimmy pasa el día entero a la guardería, ¡pasándoselo en grande! Le encanta jugar a juegos, pintar, oír historias y comer.

He has a very busy day there, and he's always very happy that when naptime comes, he can rest a little bit.
Tiene el día muy lleno ahí y siempre se pone muy contento cuando es la hora de la siesta, puede descansar un poquito.

Sometimes Jimmy doesn't bring teddy bear with him and manages daycare all by himself.
A veces Jimmy no lleva el osito de peluche con él y se divierte en la guardería él solito.

But when he comes back home, Jimmy likes to tell him about his day and all the new things he learned.
Pero cuando regresa a casa a Jimmy le gusta contarle todo sobre su día.

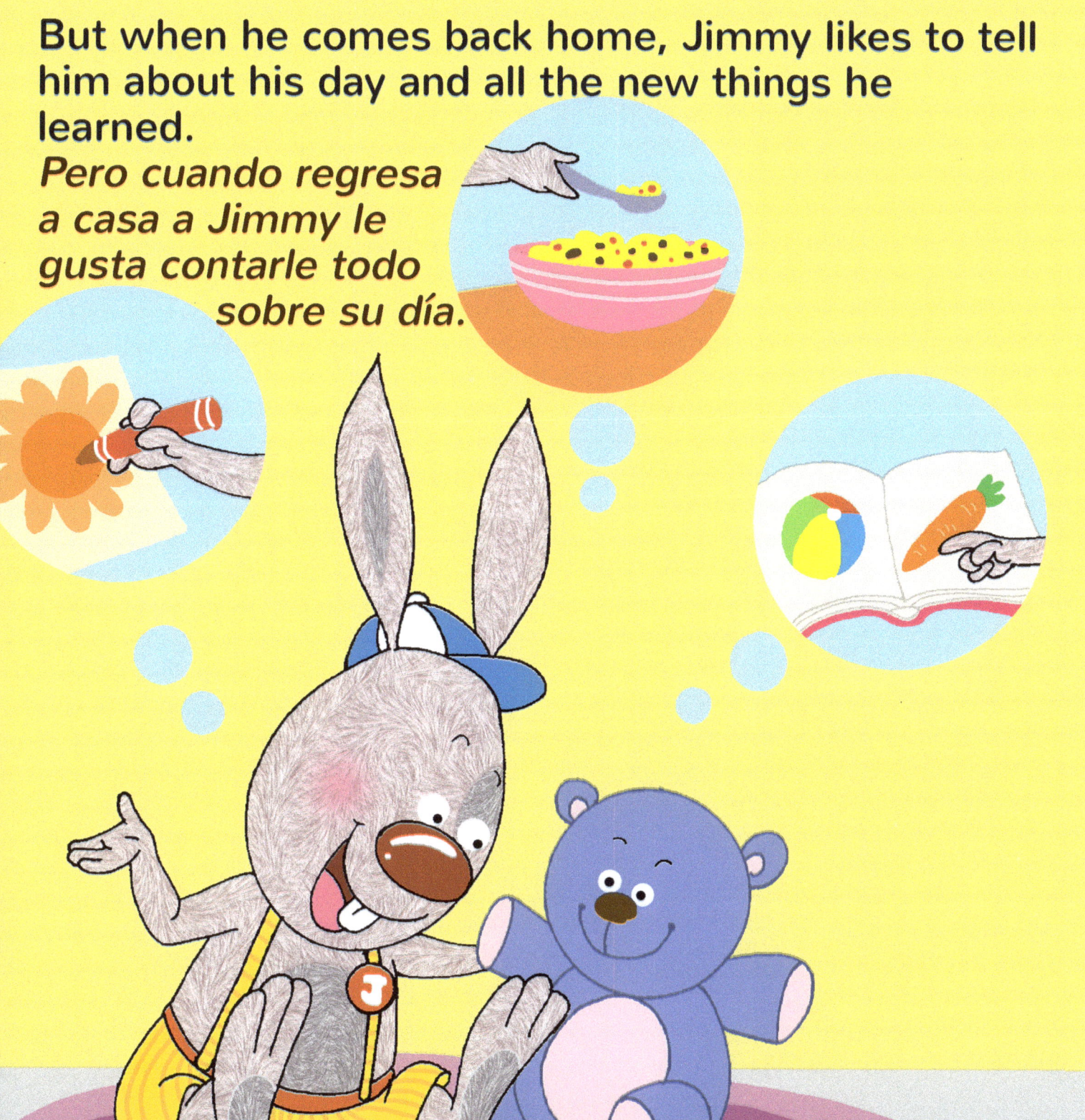

www.ingramcontent.com/pod-product-compliance
Lightning Source LLC
Chambersburg PA
CBHW061146070526
44584CB00033B/4435